ORAISON FUNEBRE
DE
LOUIS XVI,
ROI DE FRANCE ET DE NAVARRE,

Prononcée à Saint-Hélier, île de Jersey, le 21 janvier 1794, au Service solennel fait pour l'Anniversaire de sa mort, dans la Chapelle de M. l'Abbé CARRON;

Par un des Ecclésiastiques réfugiés alors dans cette île (Docteur de l'ancienne Faculté de Théologie de Paris, etc.)

A PARIS,

Chez Adrien LE CLERE, Imprimeur de N. S. P. le Pape et de l'Archevêché de Paris, quai des Augustins, n°. 35.

M. DCCC. XIV.

AVERTISSEMENT

DE L'AUTEUR,

ET HISTORIQUE DU DISCOURS.

Le Discours que l'on offre aujourd'hui au public a été composé dans l'île de Jersey, il y a plus de vingt ans. On le demanda à l'Auteur à l'occasion du Service anniversaire qu'on vouloit faire pour le Roi Louis XVI. Il y avoit alors dans cette île environ 10 à 12,000 Français, prêtres ou laïques, déportés ou émigrés. Presque toute la noblesse de Bretagne, de Normandie, du Maine, de la Touraine, etc., et presque tout le clergé de ces mêmes provinces ou d'autres limitrophes, y avoient cherché un asile : ils y restoient, espérant toujours que quelque heureux événement alloit mettre fin à leur exil. En 1793, on n'osoit point encore donner de la publicité et quelque solennité au culte, parce qu'on n'avoit pas eu le temps ni la pensée d'arranger des chapelles, dans la confiance d'être bientôt délivrés. On vouloit de plus ménager le peuple du pays, fort attaché à sa religion, qui s'approche plus du calvinisme que celle d'Angleterre, et surtout nourri, à ce qu'on croyoit, dans beaucoup de préjugés contre la religion catholique. Aller à la messe, s'appeloit ostensiblement, aller prendre du thé. On offroit le saint sacrifice, et on y assistoit rarement, très-secrètement : on n'osoit ni chanter ni prononcer de Discours devant un auditoire nombreux. Au commencement de 1794, la confiance s'étoit établie entre les deux peuples : les prêtres catholiques purent se livrer à leur zèle d'une manière avouée et publique.

Dans ces circonstances, M. l'abbé Carron, de Rennes, déjà fameux par ses talens, sa charité, et ses soins infatigables, accoutumés à se développer dans les établissemens les plus utiles, eut la pensée de réunir ce qu'il y avoit de plus distingué dans la colonie, à un Service solennel pour le Roi. D'après un Sermon que j'avois déjà prêché dans une chapelle particulière, on eut la confiance de s'adresser à moi pour une sorte d'Oraison funèbre, ou au moins quelques paroles d sentiment et d'édification. Je refusai pendant plusieurs jours, me retranchant sur le défaut de temps, de mémoires, et surtout de talent. Le clergé insista, et M. Carron m'envoya tout ce qu'il put trouver de documens sur cette matière. Je commençai par forme d'essai, et cet essai devint le Discours que l'on va lire. Il n'y avoit alors d'autre intérêt plausible à parler devant un auditoire si choisi, et par conséquent si redoutable, que celui de répondre à l'honneur qu'on vouloit bien me faire, et de répandre ma douleur sur un si beau sujet.

Mes espérances de succès étoient bien foibles, vu que depuis long-temps je m'étois livré à un ministère de charité et d'utilité plutôt que d'éclat. Cependant je suis forcé d'avouer que je réussis au-delà de mon espoir et surtout de mes prétentions, sans doute parce que la piété et la sensibilité des auditeurs suppléerent à la foiblesse de mes paroles. On me redemanda ce Discours chez M. de Catuelan, premier président, chez M. de la Houssaie, président à mortier, chez M. l'évêque de Bayeux, à Saint-Aubin, seconde ville de l'île, etc. M. Dupré, docteur d'Oxford, et le principal ecclésiastique protestant du pays, désira l'entendre dans une de ces chapelles françoises; je n'y mis point d'obstacles : non-seulement il voulut bien m'accorder son suffrage, mais j'obtins de lui, à cette occasion, une recommandation honorable, qui m'ouvrit ensuite plusieurs maisons de Londres. Je le débitai ainsi à Jersey au moins sept à huit fois.

Enfin je pris la résolution d'aller dans la capitale, pour y chercher, par mon travail, un supplément aux secours très-nobles, mais nécessairement insuffisans, que le gouvernement Anglais donnoit à presque tous les réfugiés Français.

A Londres on me demanda mon Discours pour un Service qu'on s'étoit d'abord proposé de faire pour

Louis XVI au mois de janvier 1795. Mais Robespierre étoit mort depuis six mois; les Français étoient devenus plus modérés; le gouvernement Anglais sembla entrevoir quelque espérance de rapprochement entre les deux pays : on ne voulut pas au moins y exaspérer les esprits par une démarche qui, nécessairement, devoit faire quelque bruit, ne fut-ce que par son objet. Mon éloge funèbre resta donc caché et bien caché, surtout depuis douze ans que je suis revenu à Paris : on peut s'en rapporter à une prudence nécessitée par l'inquisition soupçonneuse du gouvernement qui vient de s'écrouler.

Aujourd'hui je me décide à le faire imprimer pour adresser mon hommage, quoique bien obscur, au bon Roi que nous recouvrons. Jamais circonstance ne me parut plus favorable. Ce n'est point la recherche d'une vaine gloire qui me conduit; ce motif seroit bien peu digne de l'expérience de mon âge, et de la gravité de mon état. Mais j'avoue que je ne suis pas insensible au plaisir d'alimenter, suivant mes foibles moyens, la religion et le royalisme qui, depuis peu, refleurissent d'une manière si brillante parmi nous. C'est une humble violette que je viens déposer auprès des lis. Bientôt, sans doute, un talent plus élevé s'emparera de ce grand sujet, et j'applaudirai à ses succès avec transport. Je mets donc en avant ce Discours, pour inspirer à un autre le désir d'en faire un meilleur, et surtout plus approfondi. Je le laisse absolument tel que je l'ai composé, il y a vingt ans, ajoutant seulement quelques notes au bas des pages. Ce que je voudrois y changer ne se lieroit jamais bien avec ce que je serois tenté de conserver : je ne pourrois jamais retrouver la même teinte de couleur après un si long temps. D'ailleurs il me paroît convenable que l'on puisse observer ce que nous pensions à Jersey, à cette époque, sur ces objets si intéressans en religion et en droit public. Il faut donc, par la pensée, se transporter dans cette île au milieu de la colonie émigrée, il y a vingt ans : c'est le vrai point de vue dans lequel on doit juger ce Discours. J'espère qu'on n'y apercevra, ni aigreur, ni esprit de vengeance contre les personnes qui nous avoient placés dans cet état malheureux. On n'y doit surtout chercher point d'application au temps présent, trop éloigné alors. C'est seulement le temps de Robespierre et de ses complices qu'on a voulu peindre : et quel honnête homme pourroit jamais en parler sans l'accent de l'indignation !

On a blâmé, à la fin du Discours, quelques réflexions religieuses et morales, que l'on prétendit n'être propres qu'à ce qu'on appelle plus ordinairement un Sermon. Je crois que tout Discours prononcé dans l'Eglise, par un ministre de J. C., doit se rapporter plus ou moins à la morale ; c'est le but ultérieur du prédicateur, même dans les éloges funèbres ; c'est ce qui en fait le plus bel ornement. D'ailleurs ces espèces de reproches paternels ne blessent jamais personne, précisément parce qu'ils s'adressent à tous. C'est un zèle plein de confiance qui les présente, comme c'est une charité, déjà très-avancée dans le bien, qui les reçoit : ainsi que les conseils, on ne les adresse, le plus souvent, qu'à ceux qui en ont le moins de besoin ; et alors ces retours à sa propre conscience ne sont jamais sans quelque douceur, ne fut-ce que parce qu'ils sont toujours un moyen de perfectionnement. Si cela est vrai dans toutes les situations, à plus forte raison l'est-il encore dans le malheur.

ORAISON FUNÈBRE
DE LOUIS XVI,
ROI DE FRANCE ET DE NAVARRE.

Melior est patiens viro forti.
L'homme patient vaut mieux que l'homme fort.
PROV. chap. XVI.

EN ce peu de paroles, MES TRÈS-CHERS FRÈRES, l'Esprit saint semble avoir d'avance caractérisé la gloire, propre à très-haut, très-puissant et très-excellent Prince, LOUIS XVI, Roi de France et de Navarre, dont nous venons aujourd'hui demander à Dieu le repos éternel, en offrant pour lui le saint sacrifice. Par cet oracle, il l'a élevé au-dessus de ces hommes qui éblouissent le monde, parce qu'ils savent le soumettre, qui ont ce courage de la force, qui se joue en faisant des malheureux, au lieu du courage de la patience, qui ne sait que supporter ses propres malheurs. Le premier n'est le plus souvent que l'effet de l'orgueil, le second est toujours le fruit de la véritable, de la seule vertu. C'est celui qui distingua LOUIS XVI pendant sa vie, c'est surtout celui qui illustra sa mort.

Sa mort! quel mot je viens de prononcer! et quel affreux souvenir il retrace à vos esprits! Hélas! un an s'est donc déjà écoulé, depuis qu'a été commis le crime horrible qui déshonorera à jamais la France, qui la dévoue aux vengeances du ciel et de la terre! Un an s'est écoulé, et le sang répandu de l'homme juste, de l'oint du Seigneur, est encore foulé aux pieds par ses bourreaux. Mille autres crimes ont depuis encore signalé leur rage : l'auguste Épouse a mêlé son sang à celui de son royal Époux, et dans ce nouveau forfait la barbarie a surpassé encore ses premières fureurs. De deux enfans orphelins en si peu de temps, l'un d'eux, le plus jeune!... mon Roi..... ah! bientôt, peut-être, il oubliera lui-même ce qu'il fut, ce qu'il doit être; de perfides leçons lui apprendront à bénir.... ceux qui l'ont dépouillé de tout : l'autre, dans l'impuissance d'oublier jamais sa gloire passée, ne s'en ressouviendra que pour mieux sentir l'opprobre auquel elle est livrée; opprobre où, pour combler ses maux, tout lui rappelle avec horreur les meurtriers d'un père et d'une mère. O Dieu! jusques à quand laisserez-vous le crime triompher sur une terre qui vous fut autrefois si chère? Vous le voyez, l'orgueil de ceux qui nous haïssent s'accroît tous les jours, *Superbia eorum qui te oderunt ascendit semper*, (Psaume 73.) et nous, restes infortunés de tant de victimes qui tombent presque à chaque instant si près de nous, quel sort nous réservez-vous enfin? Nos ennemis pourront-ils encore long-temps nous faire ce reproche impie : Où est donc votre Dieu? (Ps. 78.)

Ah! au moins, accueillis si généreusement chez un peuple humain, nous le voyons, de plus en plus, sensible à nos malheurs : il nous permet d'invoquer votre nom suivant nos lois antiques et sacrées : nous en profitons pour vous adorer, vous prier, vous présenter la victime sainte qui expie les péchés du monde. Nous toucherons enfin, c'est notre plus doux espoir, nous toucherons votre miséricorde. Déjà, il est possible à vos ministres de se faire entendre aux fidèles, de leur parler avec liberté et confiance, quoique sur une terre étrangère. Je viens donc célébrer devant eux quelques-unes des vertus de notre infortuné Monarque. Oui, chrétiens, il est aussi impossible de les taire que de les méconnoître : mais qui pourroit s'arrêter long-temps à vous les peindre? tant elles sont liées avec les plus grandes calamités qui, peut-être, aient jamais été connues sur la terre. Non, je n'en aurai pas la force, et bientôt, sans doute, ma voix, étouffée par la douleur, ira se perdre, se confondre dans vos gémissemens. Je jetterai donc à peine quelques traits rapides sur la vie, sur la mort du plus malheureux, quoique du plus juste des Rois. Je m'efforcerai de remuer vos cœurs; ils vous parleront bien plus éloquemment que tous mes discours. Je chercherai surtout à édifier votre piété : et que de moyens n'en aurai-je pas en vous parlant de Louis? encouragé surtout par la présence de ce Prélat respectable (1), image d'Athanase, dans son exil, comme il est son digne émule, par sa foi vive, ses mœurs pures, son zèle intrépide. Il a la gloire d'avoir, le premier, dans une grande province, parlé, combattu, souffert pour la cause de notre Dieu et de notre Roi : puisse ce souvenir exciter mon ardeur, et m'inspirer des sentimens dignes de mon sujet.

PREMIÈRE PARTIE.

Louis n'étoit pas encore sorti de l'enfance, lorsqu'une mort imprévue le priva d'un père juste et pieux. Quelle perte pour la France! Toutes les vertus réunies à l'expérience de l'âge mur, l'eussent peut-être sauvée de ses propres fureurs. Quelle perte pour Louis! Héritier des vertus, il ne put l'être de cette triste, mais nécessaire défiance, fruit des années; il ne put même entendre des leçons seules capables peut-être de lui faire connoître la malice des hommes. Eh! pouvoit-il la soupçonner d'après son cœur; un grand cœur est long-temps trompé : forcé, enfin, de croire

(1) M. Lemintier, évêque de Treguier, qui faisoit l'office.

aux méchans et de les craindre, il n'a pu qu'en être la victime; il n'étoit plus temps de leur résister.

Cependant, une digne Epouse lui est choisie, et si elle ne peut le dédommager d'un Père, si elle ne peut éclairer sa jeunesse, du moins lui offre-t-elle tout ce qui peut le plus, flatter, intéresser, attacher à jamais par les plus doux liens. La France la voit et triomphe; la joie éclate dans des fêtes magnifiques: rien ne manque, ce semble, au bonheur des illustres époux; mais une catastrophe sanglante vient le troubler (1). Mille soins généreux feront au moins connoître leur tendre sensibilité: soins inutiles, mille familles dans la capitale sont couvertes de deuil: de sinistres augures laissent déjà entrevoir la plus pure innocence, dévouée au malheur par une Providence impénétrable dans ses desseins: présages funestes, pourquoi venez-vous me troubler moi-même? Ah! laissez-nous, au moins, respirer un instant pour jeter un coup d'œil serein sur les vertus de LOUIS. Non, chrétiens, aux larmes si douces qu'elles nous feront couler, s'en mêleront toujours d'autres trop amères.

Une ame franche, un sens droit, un cœur sensible, surtout une simplicité touchante, distinguoient dès-lors ce fils de tant de Rois. Appelé à s'asseoir

(1) Il périt, à Paris, en 1770, huit ou neuf cents personnes au feu d'artifice pour le mariage du Roi, alors Dauphin.

un jour sur le premier trône de l'univers, il ne paroissoit point ébloui de l'éclat de ses destinées, il ne sembloit que les craindre. Déjà perçoient à travers sa jeunesse, cet éloignement de tout faste, cette intégrité de mœurs, ce respect pour la religion, cet entier dévouement au bonheur des Français, cette modestie enfin, cette défiance de lui-même, si intéressantes dans l'homme privé, si heureuses pour les peuples dans les Rois, et que la perversité des siècles, la corruption des cours peuvent seules rendre, hélas, si funestes. L'éducation avoit secondé la nature : élevé par des maîtres sages, même austères, il en avoit appris à craindre Dieu, à aimer ses semblables, à être sévère pour lui-même, indulgent pour les autres, à être bon fils, bon mari, à devenir un jour bon père. Pendant qu'il fut Dauphin, placé si près du trône, et au-dessus de tous les sujets, il n'oublia jamais qu'il étoit sujet lui-même, et plein de respect et d'amour pour son aïeul, il se ressouvint toujours de la soumission qu'il devoit à son Roi.

Bientôt, ah! trop tôt! il monte sur ce trône, et avant d'avoir eu le temps d'étudier les hommes, il est forcé de les gouverner. Ici s'ouvre devant lui une carrière à la fois immense et pleine d'écueils. Seul, sans secours, sans expérience, il n'a d'autre appui que sa vertu : elle lui suffiroit, si autour de lui tout pouvoit lui ressembler. Déjà se déploie sur son peuple cet amour de bienfaisance, de sacrifice, qui fut toujours l'ame de ses pensées, le plus vif de ses sentimens : il éternisera sa gloire, il eût comblé son bonheur et celui de la France, si la France en eût été digne.

Les ministres du dernier règne n'étoient point agréables aux Français : il renouvelle d'abord le ministère, et n'y introduit que des hommes appelés par la voix publique; quelques-uns même connus par une vertu sévère, bien propre à faire revivre les bonnes mœurs, ce fondement des empires. A leur tête est placé ce vieillard recommandé par d'anciens services (1). La foiblesse et l'insouciance de son caractère n'ont pas été, sans doute, ce qui eût convenu à la France pour la purger de cette brillante, mais désastreuse corruption (2), qui la souilloit alors, fruit presque inévitable des progrés de la civilisation et des arts, lorsqu'ils ne sont pas sanctifiés par la religion. Mais que pouvoit faire de mieux la jeunesse et l'inexpérience de Louis, que de chercher un guide dans la vieillesse instruite et exercée? Tout

(1) M. de Maurepas.

(2) La corruption étoit grande sans doute à cette époque, mais elle l'est devenue bien plus encore dans la suite, sous le règne de l'anarchie et du despotisme, où l'irréligion a été protégée par les lois.

ce qui vient de lui est bon et droit; les hommes seuls ont trompé et ses vœux et son zèle.

De ce zèle, de ce désir de soulager le peuple, naît d'abord la renonciation à un droit ancien, connu sous le nom de *joyeux avénement*. Louis sait que les impôts ordinaires ne pèsent que trop sur ses nouveaux sujets : il ne veut pas que leur joie leur coûte aucune privation; et déjà, dans Louis XVI, la France croit voir renaître Louis XII.

Mais un bienfait encore plus digne de lui a ouvert l'entrée de son règne. Depuis quatre ans la justice avoit perdu ses vrais magistrats. Trompé par un homme (1) naturellement impérieux, et couvrant, sous une apparence de réforme, sa jalousie, sa haine contre ses collègues, Louis XV, avoit transformé, disons mieux, détruit ces grands corps dépositaires des lois, et qui chargés d'éclairer le trône, ne deviendroient que d'inutiles, des vils flatteurs, s'ils pouvoient être anéantis pour prix de leur zèle (2). La justice prétendue gratuite étoit devenue ruineuse, et c'étoit encore le moindre de ses vices : la courageuse, l'impartiale équité, la décence elle-même avoient disparu de son temple. L'opinion publique

(1) M. de Maupeou.

(2) Presque tout le parlement de Bretagne étoit alors à Jersey.

proscrivoit trop visiblement ces fantômes nés seulement de l'erreur de l'autorité. Sous un Roi ami du peuple, le premier de ses vœux ne sera point frustré, les fleurs de lis ne seront plus souillées, elles recouvrent leur pureté et leur gloire.

Toujours plus ardent pour cette félicité des Français, il la poursuit partout où ses regards peuvent l'atteindre, partout où ses conseils peuvent la lui montrer. Ici, c'est un reste de servitude qui, dans quelques provinces, dégradoit encore l'homme, en l'assimilant aux productions de cette terre qu'il est destiné à soumettre. Le droit de main-morte est aboli dans ses domaines : un grand exemple est donné aux grands seigneurs du royaume, et tout rappelle saint Louis, dans son successeur, après tant de siècles.

Là, c'est une torture odieuse que la barbarie avoit cru propre à faire sortir la vérité du milieu des déchiremens de la douleur; moyen honteux, qui ne pouvoit que calomnier la foiblesse. Désormais, ce n'est plus le désespoir, c'est la raison, guidée par l'humanité, que le juge doit interroger sur les vrais coupables; et c'est encore l'esprit de saint Louis qui revit dans le plus sage de ses enfans.

Les prisons destinées à renfermer les accusés présentoient un spectacle hideux : leur demeure étoit déjà un long supplice pour les détenus entassés les uns sur les autres dans d'infects souterrains; c'étoit une inhumanité coupable pour le crime même convaincu, puisqu'il ne doit souffrir qu'au nom de la loi, c'étoit une injustice atroce pour l'innocence. Louis apprend, que désespérés dans ces affreux repaires, des hommes demandent l'échafaud lui-même comme une grâce (1). Ah! son cœur en frémit; il lavera cette tache odieuse imprimée sur la nature humaine et sur la société civile : par ses ordres, les prisons deviennent plus spacieuses et plus saines, et sans rien perdre de leur sûreté, elles ne font plus rougir l'administration de son pays.

Qui pourroit s'étonner ensuite de tant de soins généreux versés sous son influence sur les hôpitaux, ces asiles, non plus du crime, mais du malheur? Oh! combien dut intéresser son ame compatissante, la triste humanité luttant avec sa seule vertu contre la misère ou la maladie, puisqu'il ne put entendre, sans en être touché, les gémissemens du vice lui-même!

Parlerai-je ici des encouragemens qu'il donna à l'agriculture, à l'industrie, à tous les arts, comme aux moyens jugés les plus propres à faire fleurir les empires? Par ses soins, des marais sont desséchés, des

(1) L'abbé de Besplas s'étoit exprimé ainsi, prêchant un jour devant le Roi, à Versailles.

landes se couvrent de riches moissons ; partout s'ouvrent de grandes routes, des canaux de navigation : la marine ressuscite, un port immense est créé, malgré la nature, malgré les flots en courroux ; les plus grands artistes de la France reproduisent chaque année quelques-uns de ses plus grands hommes Hélas! les ingrats triomphent aujourd'hui en s'exerçant à diffamer leur bienfaiteur : une foule d'infortunés sont nourris dans des ateliers de charité, et ils sont devenus depuis les plus sûrs instrumens de la révolte pour détrôner, pour assassiner leur père (1).

Que ne fit pas LOUIS, surtout pour le commerce, cette ame de l'univers? Ici, chrétiens, j'hésite; je ne sais si je dois louer notre Roi, ou si je dois le plaindre. D'une part, le commerce enrichit les nations et paroît ainsi fonder leur puissance : il aggrandit les idées de l'homme qui s'y livre, en ouvrant devant lui la carrière des plus vastes combinaisons : il élève et fortifie son ame en l'accoutumant à enfanter les projets les plus hardis, à braver les plus grands revers : il paroît porter le bonheur jusque sous le toit obscur du moindre citoyen, en le faisant jouir des richesses du globe tout entier. La religion applaudit elle-même à des communications qui développent,

(1) Le faubourg Saint-Antoine.

qui cimentent la fraternité du genre humain; par le commerce enfin la foi sainte répand ses trésors sur tout l'univers avec ceux de la nature. Mais d'un autre côté, le vil intérêt souille ces grandes combinaisons, parce qu'il en est le mobile unique : c'est aux plaisirs corrupteurs qu'il se consacre bien plus qu'aux besoins utiles, parce que son salaire est plus assuré : et, que de frais, que de pertes, que de maladies, que de morts pour flatter la sensualité d'un petit nombre d'hommes? De plus, quelle dette immense s'appesantit sur les peuples, fruit des guerres toujours renaissantes au milieu des irréconciliables rivalités? La religion enfin est négligée, comptée bientôt pour rien, parce que les idées seules de fortune enivrent l'ame, et que les innombrables moyens de poursuivre ce fantôme, absorbent toutes ses facultés. Ah! chrétiens, dès le commencement du monde nos premiers pères se perdirent par la curiosité et l'orgueil. Depuis ce temps, sans le guide salutaire de la religion, l'élévation de nos pensées n'est le plus souvent qu'un écueil de plus offert à notre témérité, la satisfaction de nos sens n'est le plus souvent que le témoignage honteux de notre foiblesse. Ainsi autant un commerce de proche en proche et serviteur des vrais besoins, peut lier les hommes et leur être utile, autant un commerce immense et qui se fait l'esclave de la mollesse, peut corrompre les nations, et les précipiter vers leur ruine (1). Combien donc vous fûtes coupables, ô vous, qui sous le prétexte trompeur d'ouvrir à la France une nouvelle source de commerce sur un continent éloigné, entraînâtes Louis dans une guerre injuste autant que ruineuse! Monde nouveau, qui a tant fait de mal à l'Européen, comme pour le punir de l'audace qui le porta sur tes bords à travers les mers orageuses, n'étoit-ce donc pas assez que nous te dussions la perte de notre santé, de notre repos, de nos mœurs, de notre antique et heureuse simplicité? que nous te dussions nos jalousies éternelles, nos querelles sanglantes, surtout cet affoiblissement de la foi, presque déjà perdue au milieu de tant de cultes divers, au milieu de l'agitation de tant d'intérêts terrestres? Quelques jouissances de luxe pouvoient-elles donc compenser tant de maux? Il falloit encore que nous te dussions, dans ces derniers temps, la perte de nos lois, le renversement du trône, l'anéantissement de la religion de nos pères. Oui, c'est le succès de l'indépendance de l'Amérique, c'est son indifférence religieuse, qui, vus de trop près par tant de Français,

---

(1) Les politiques voudront, peut-être, contester à l'auteur l'opinion qu'il émet ici contre un commerce trop étendu; mais personne ne s'étonnera de voir un ministre de la religion blâmer ce qui lui paroît avoir été si funeste à la foi et aux bonnes mœurs.

ont achevé de les corrompre, les ont disposés à s'armer contre leur Dieu, contre leur Roi. Mais Louis n'en est pas moins innocent de tant de malheurs : en faisant passer les mers à ses guerriers, il fut trompé par l'erreur de son siècle, par ses guides, réputés les hommes d'État les plus profonds : que dis-je, jusque dans ses fautes, il mérite encore notre vénération et notre amour, puisqu'il fut entraîné, surtout, par le vœu de son peuple, par ce bien des Français, dont l'apparence même fut toujours son idole. C'est le propre de la véritable vertu : lors même que le succès la condamne, la pureté de ses motifs la justifie et la couronne ; bien différente ainsi du vice, toujours troublé par ses remords, toujours souillé par ses vues criminelles, lors même qu'il paroît entouré des dehors les plus favorables. Ah ! nous célébrons des conquérans qui n'ont jamais rien fait que pour eux, qui ont forcé les peuples de se sacrifier à leur ambition ; pourrions-nous ne pas aimer Louis, lorsqu'il a tout fait pour nous, lorsqu'il a sacrifié son repos, ses opinions, ses répugnances à nos désirs, jusques à nos erreurs, à ce que nous lui demandions nous-mêmes comme le gage le plus sûr de notre gloire, de notre bonheur ?

Et qui jamais fut plus juste que Louis, livré à ses propres pensées ? qui fut jamais plus ennemi de la fausse gloire, plus ami des mœurs, de la religion ?

Cherche-t-il à faire des conquêtes, à agrandir son empire, même dans cette guerre où l'on égara sa jeunesse? Non, c'est uniquement des avantages de ses sujets ou de ses alliés qu'il s'occupe. Loin d'ambitionner pour lui-même une plus grande puissance, déjà il a éloigné une partie de ces guerriers, accoutumés depuis long-temps à entourer le trône : l'intérêt de sa sûreté, l'éclat de sa couronne le touchent peu; il espère ainsi soulager ses peuples, il ne balance pas, c'est dans leur amour seul qu'il met sa force et sa grandeur.

S'il dédaigne un faste frivole, aliment des petites ames, il a en horreur ces mauvaises mœurs, écueil des ames corrompues. Uni à une épouse qu'il chérissoit tendrement, il ne se permit jamais de souiller la pureté de ce lien sacré : ni l'austérité de la vertu, ni le ridicule lui-même dont le libertinage s'efforce de la couvrir ne l'en rebutèrent jamais. Dans l'âge des plaisirs, dans un rang où tout y provoque et s'étudie à les excuser, il arrêta la prescription du vice, et les grands scandales, dont il se vit de toutes parts entouré, ne lui semblèrent qu'un motif de plus de leur opposer un grand exemple.

C'est dans l'impression profonde qu'avoient faite sur lui les vérités saintes, qu'il faut chercher la source de cette force si peu commune. Louis respectoit sincèrement la religion; soumis à ses dogmes, fidèle à ses pratiques, pouvoit-il ne pas aimer la pureté de sa morale? Les ministres de cette religion les plus attachés à leur devoir, furent toujours ceux pour lesquels il se sentit le plus d'attrait. C'est à eux qu'il accordoit sa confiance intime, c'est eux surtout qu'il appeloit aux siéges les plus importans. Il repoussoit au contraire de l'Eglise de sa capitale ce prélat ambitieux (2), qui depuis, par le déshonneur dont il a couvert et l'épiscopat et la pourpre, n'a que trop justifié les scrupules de son Roi. Et combien n'avoit-il pas besoin de ce tendre amour pour la religion, lui qui, du faîte des grandeurs, devoit bientôt descendre jusqu'à ne plus trouver de consolation que dans ce dernier asile des malheureux. Ici, mes frères, le tableau de ses vertus va recevoir encore un nouvel éclat de celui de ses humiliations et de ses souffrances. Mais arrêtons-nous un moment avant d'entrer dans cette nouvelle et trop pénible carrière.

SECONDE PARTIE.

Qui l'eût pensé, qu'un prince si désintéressé pour lui-même, si peu jaloux de son pouvoir, si soigneux

---

(1) Louis XVI ne voulut jamais consentir à nommer M. de Brienne archevêque de Paris, parce qu'il ne comptoit pas assez sur sa foi.

de plaire à ses sujets, pût être accusé de tyrannie, et devenir la victime de ce dévouement pour son peuple auquel il s'abandonnoit avec tant de confiance? Hélas! ô honte de notre siècle! ô opprobre éternel de notre patrie! c'est cette confiance elle-même qui l'a perdu; c'est parce que sa bonté étoit bien connue pour être sans bornes, que ses ennemis, sûrs du succès, se sont livrés contre lui à toute leur noirceur.

Depuis long-temps une secte impie et séditieuse s'étoit élevée dans le royaume. Elle se servoit des sophismes ingénieux de l'esprit, des illusions brillantes de l'imagination, pour ébranler les principes les plus solides de la raison et de la foi. Elle détruisoit le frein de la morale en multipliant les tableaux licencieux; elle renversoit le fondement de la subordination en flattant l'orgueil humain de l'idée qu'il pouvoit se gouverner lui-même. Secondée par la corruption et l'imprévoyance du dernier règne, cette secte s'étoit fait des prosélytes dans tous les rangs, dans tous les âges, surtout dans celui de la présomptueuse jeunesse. Elle épioit les occasions de développer son poison mortel; les circonstances ne lui furent que trop favorables.

La guerre avoit achevé de ruiner la fortune publique. En vain Louis, toujours bienfaisant, toujours plus jaloux du bonheur des peuples que de son autorité, s'efforçoit d'alléger le poids des impôts en confiant leur répartition à des assemblées provinciales; leur augmentation étoit aussi nécessaire qu'elle paroissoit impraticable. Les Etats généraux parurent seuls capables de concilier tous les intérêts. C'est alors que l'esprit de révolte espéra de renverser le trône. Et que n'avoit-il pas en sa faveur? Un ministre qui séduisoit la France par tous les dehors de la vertu, mais que sa naissance et ses principes rendoient également ennemi de nos lois : une foule d'écrits séditieux qui inondoient impunément le royaume sous prétexte d'éclairer l'autorité : une double représentation accordée au tiers Etat : des assemblées, des suffrages, des élections manifestement pleines de partialité. Ingrats, à qui dûtes-vous tous ces avantages, si perfides dans vos mains impures, ne fut-ce pas à la facilité de LOUIS, à la droiture de ses intentions, à l'espoir qu'il eut si long-temps de ramener, par la condescendance, un peuple égaré? Et qu'obtint-il en récompense de cette excessive générosité? Ah! l'orgueil est insatiable; à chaque nouveau bienfait succèdent de nouvelles prétentions. On veut, en les confondant avec le peuple, anéantir les deux premiers ordres de l'Etat. On veut, sous leurs ruines, faire disparoître nos lois antiques et la monarchie elle-même. LOUIS alors ne peut plus se dissimuler combien sa bonté est trahie; c'est pourtant encore par le seul langage de la raison et des lois, qu'il espère vaincre ces forcenés. Dans cette séance à jamais mémorable (le 23 juin 1789), où pour la dernière fois il fut roi, combien l'éclat de la majesté royale n'est-il pas adouci par ce ton paternel qui applique à chaque abus le remède le plus efficace, parce qu'il est le plus mesuré, qui ne laisse en un mot, à ses enfans, d'autres liens que ceux absolument nécessaires au soin de leur conservation? Se roidir contre un usage si modéré de l'autorité, c'étoit sans doute afficher la révolte; aussi parut-elle dès-lors à découvert. Des moyens plus répressifs devinrent nécessaires. Par un excès d'audace les séditieux les étouffèrent encore dans la main de Louis. Il eût fallu verser le sang de son peuple; non, il ne put s'y résoudre : ô héroïsme, je ne dirai plus de la confiance, mais de l'amour! Des tigres seuls pouvoient abuser de ce sentiment sublime; ils existoient pour le malheur du royaume. Le 14 juillet, tout gouvernement légal fut anéanti, et l'anarchie leva désormais sur la France sa tête hideuse.

Qui pourroit, chrétiens, suivre notre Roi, livré depuis ce temps à des factieux ou hypocrites ou découverts, toujours implacables ennemis de celui qui les a comblés de bienfaits? Qui pourroit dire combien il souffrit en voyant d'abord sa capitale teinte du sang des Français, de ce sang qu'il avoit voulu conserver au prix de tant de sacrifices? Bientôt il est assiégé lui-même jusque dans son palais; il n'en enchaîne pas moins le courage de ses gardes fidèles, et ce n'est qu'à leur intrépide, mais constante résignation, qu'il doit son salut, celui de son épouse, de ses enfans. Ah! loin de penser à combattre ses sujets, il ne veut pas même les fuir, il se livre à eux, quelque barbares qu'ils soient. Il me semble alors voir notre divin maître entouré de ses bourreaux, qui, au milieu de mille outrages, ne lui donnent le nom de roi que pour insulter encore à son humiliation. Ici, il est forcé de désarmer lui-même ceux que le zèle le plus pur a fait voler auprès de sa personne sacrée, pour la défendre contre des furieux : là, il reçoit une nouvelle preuve qu'elle est perdue pour lui cette liberté qu'il a donnée à son peuple; il ne lui est pas même permis de changer de prison, d'aller respirer un air plus sain seulement pendant quelques jours. Veut-il se retirer dans une ville forte, pour y parler librement à ses sujets et s'efforcer de les rappeler à leur devoir? ce père tendre est réduit à se déguiser au milieu de ses enfans; et que d'abaissemens, que d'insultes accompagnent son retour! Est-ce donc un roi qui rentre dans sa capitale? non, c'est un esclave qui vient reprendre ses fers. Enfin, ce qui encore coûte le plus à son cœur, il est forcé ainsi de signer lui-même la dégradation de ce pouvoir tutélaire qui ne lui étoit cher que parce qu'il lui servoit à protéger la religion, à faire fleurir tous les ordres de l'Etat. Illustres appuis de la monarchie, vous dont, en gémissant, il abandonnoit alors les respectables prérogatives : ministres fidèles de l'Evangile, dont il sembloit consacrer le dépouillement, ne lui reprochez pas ce funeste usage d'un pouvoir qu'il n'a plus, sa propre ruine a pu seule entraîner la vôtre : avec quelle force il a publié vos droits dans le seul moment où il s'est cru libre! Ici, ce n'est que pour vous défendre contre les dernières fureurs d'un peuple trompé qu'il en appelle à la douce, mais lente leçon du temps et de l'expérience.

Cependant, ce qu'il a promis, quoique avec si peu de liberté et contre son opinion, il y sera fidèle, par cela seul qu'il l'a promis; mais il n'en réussira pas davantage à désarmer les séditieux. Et quelle paix peut-il y avoir avec le crime? quelle union entre la justice et l'iniquité? Le temps étoit venu où la rebellion pouvoit se développer toute entière. Déjà c'est ouvertement qu'on veut confier à un peuple aveugle ou féroce le glaive des lois, ou plutôt le poignard de l'anarchie : ainsi ce qu'on a forcé Louis de jurer, bientôt on lui fait un crime de l'observer scrupuleusement. Religion sainte, c'est pour toi surtout, c'est pour défendre la liberté de ton culte, c'est pour protéger tes ministres, qu'il s'arme alors de ses sermens contre son peuple : toi seule pouvois lui donner cette fermeté vraiment héroïque, tu méritois d'en être le principal objet. En vain une armée de brigands furieux l'entoure, et, le menaçant de mille morts, lui demande à grands cris de sceller la proscription de ces prêtres incorruptibles dont la présence les fait trop rougir. Si, depuis long-temps, il n'est plus roi par le pouvoir, il le sera encore alors, au moins par la majesté du courage jointe à une douceur toujours tranquille. « Vois, dit-il à un brave guerrier qu'il aperçoit auprès de lui, et dont il prend la main, qu'il pose sur son cœur, vois s'il palpite : celui qui n'a rien à se reprocher, ne craint point la mort ». Paroles sublimes, et où se peint ce grand sentiment de l'homme vertueux, toujours maître de lui-même au milieu des plus grands dangers. Il vous faudra donc consommer vos forfaits, ô vous, monstres de l'enfer, déchaînés à la fois et contre l'autel et contre le trône ! Aussi vous en coûtoit-il de prolonger plus long-temps cette horrible tragédie : depuis long-temps la patience de Louis, en irritant votre fureur, en déconcertoit les détestables projets ; sa courageuse résistance sert mieux cette soif du sang innocent, dont vous brûlez de vous désaltérer.

Pour que tout fût à la fois plein de noirceur et de barbarie dans cette catastrophe sanglante, c'est parmi ceux-là même où Louis va chercher un refuge avec sa famille, c'est parmi eux qu'il perd enfin ce reste de liberté qu'il paroissoit avoir encore : son trône est renversé ; le nom de roi lui-même est proscrit et voué à l'exécration. Enfermé comme un criminel, il entrevoit déjà le sort affreux qu'on lui prépare :

depuis quatre ans, presque chaque jour, il buvoit quelques gouttes de ce calice amer; il va en boire jusqu'à la lie.

La religion avoit toujours vécu dans son cœur, mais elle s'y étoit fortifiée encore sous les coups de l'adversité; tant et de si rudes épreuves firent connoître combien elle étoit solide. S'il avoit consenti, et bien malgré lui, à sacrifier l'éclat extérieur du culte catholique, jamais il n'avoit prétendu en sacrifier l'exercice; et au milieu de tant d'orages, il défendit toujours sa conscience, celle des vrais enfans de l'Eglise, la foi de ses pères. Cette foi vive et inébranlable devint alors une piété tendre, un sentiment affectueux qui seul lui faisoit supporter ses peines. Tout ce qu'il peut connoître de guides les plus sûrs, les plus attachés à leur Dieu, il les appelle; c'est à eux qu'il ouvre son intérieur, qu'il en soumet tous les mouvemens. Que cette soumission porte avec elle de grâces touchantes! quelle force, quelle douceur elle fait descendre du ciel dans cette ame qui ne s'appuie plus désormais que sur la croix de son Sauveur, qui ne cherche plus que dans ses plaies cet asile que lui refuse la malice des hommes!

Hélas! il est arrivé le moment où elle va déployer ses derniers excès. Louis est jugé : par qui? par ses sujets, par ses accusateurs, par ses ennemis implacables; il est jugé contre toutes les lois, même contre ces lois nouvelles, fruit du crime et de la révolte. Il est condamné malgré son innocence ; il est condamné, celui que ses ennemis eux-mêmes, lorsqu'ils n'avoient pas encore perdu toute pudeur, avoient appelé le plus honnête homme de son royaume. Ce jugement d'iniquité n'a rien qui l'étonne, il s'y attend ; il envisage la mort avec cette tranquillité ferme, mais sans ostentation, qui fait le propre de la véritable grandeur d'ame, celle que donne la religion. Réuni avec sa famille, dont on l'avoit séparé depuis long-temps, il a besoin de lui apprendre leur malheur commun, la sérénité de son visage avoit fait illusion à tous ses proches ; bientôt c'est lui-même qui les console : autour de lui tout est livré aux convulsions de la douleur, lui seul est tranquille. Arraché enfin à ce spectacle déchirant, après ce dernier adieu dit à sa femme, à ses enfans, à sa sœur, sa sœur, cet ange du ciel sur la terre, il s'avance vers son supplice. Ces prières des mourans, que nous frémissons nous-mêmes de leur adresser, il les récite lentement, il se livre sans crainte à ces images terribles ; elles l'occupent tout entier dans ce long trajet depuis sa prison jusqu'au lieu où l'attend l'horrible appareil qui doit terminer sa vie. Là, il achève de recommander son ame à son Dieu : prosterné aux pieds de son ministre, il en reçoit, avec l'imposition des mains, le gage si précieux que c'est dans son sein qu'elle va se reposer. Cette douce confiance

confiance surtout ôte à une aussi cruelle mort toute son amertume : il monte avec intrépidité sur ce théâtre de sang, comme s'il montoit encore sur le trône de sa gloire, ou plutôt comme montant aux cieux, c'est le cri du dépositaire de sa conscience, le plus fidèle interprète de ses sentimens. Cependant on veut lui lier les mains, précaution destinée aux lâches : un moment il s'en indigne, mais aussitôt il s'y soumet; c'est, dit-il, le dernier sacrifice. Ah! disons nous-mêmes : c'est le plus bel empire de la foi, c'est l'héroïsme de la patience. Il est bien vrai, l'oracle de l'Esprit saint : Celui qui sait souffrir est bien plus grand que celui qui sait vaincre. Que de guerriers ont mille fois bravé la mort dans les combats, et ont tremblé devant l'échafaud! Qu'ils paroissent donc, ceux qui accuseroient LOUIS de pusillanimité pendant sa vie; qu'ils le contemplent dans ce dernier moment où les regards de l'univers ne sont plus rien devant l'éternité; qu'ils avouent que ce courage si calme à la mort, ne permet d'attribuer la longue patience de sa vie qu'à un excès d'amour pour son peuple; qu'ils avouent surtout que la religion fait la véritable force de l'homme, en lui apprenant à souffrir ce qui révolte le plus la nature. Tant de constance a confondu ses persécuteurs; la foule, quoique glacée par l'effroi, lui a donné des larmes; jusques aux bourreaux ont refusé leur ministère; et parmi tant de scélérats, à peine s'en est-il trouvé qui le fussent assez pour les suppléer et trancher cette tête auguste.

O montagne de Gelboé (1), ô terre arrosée du sang de cette pure image de la Divinité parmi les hommes, que la rosée du ciel ne tombe jamais sur vous! Mais, que dis-je! Louis m'interdit lui-même ces mouvemens de vengeance où m'égare mon indignation contre la révolte, mon amour pour mon Roi. Dans ce testament, monument éternel de piété, de résignation, de charité, jusque sur l'échafaud, Louis pardonne à ses ennemis : en protestant de son innocence, il désire encore que son sang puisse être utile au bonheur des Français. Ah! soyez exaucés vœux plus purs, plus dignes de notre foi que ceux où m'entraînoit un zèle coupable : au Seigneur seul est la vengeance, il se l'est réservée... Qu'elle est terrible sur notre malheureuse patrie! Quel amas de crimes et de malheurs, a depuis, souillé, désolé la France! Que de sang, que d'atrocités! quelle horrible fureur! Ah! les démons semblent

---

(1) Second livre des Rois, chap. 1er. C'est sur cette montagne que Saül, déjà blessé, acheva de se tuer en se précipitant sur son épée ; et c'est avec ces paroles de malédiction que David déploroit la mort de ce roi, qui étoit pourtant son ennemi et son persécuteur, et depuis long-temps condamné par Dieu lui-même. La mort de Saül ouvroit à David le chemin du trône ; il n'en fit pas moins mourir l'Amalécite qui se vantoit de l'avoir tué.

avoir soufflé aux Français leur rage. Est-ce donc là ce peuple si renommé parmi tous les autres peuples pour sa douceur? Après avoir immolé leur Roi, massacré ou chassé leurs prêtres, ils ont prétendu détrôner, anéantir Dieu lui-même. Comme cette nation, depuis si long-temps maudite sur toute la terre, les voilà donc sans roi, sans autels, sans sacrificateurs; déjà, comme les Juifs devant les armées romaines, ils se déchirent eux-mêmes; oui, ils savent seuls punir tant d'horreurs, ceux qui ont aidé à les commettre. Quelle hypocrisie d'abord! quelle fastueuse ostentation de religion pure, de morale saine, de douce législation, et cela, pour en venir à travers mille noirs complots suivis d'innombrables assassinats, au renversement de toute religion, de toute morale, de toute législation.

Voilà, chrétiens, où a pu conduire les hommes cet amour excessif de la liberté, qui n'est autre chose que le désir, d'abord de n'obéir à personne, bientôt de commander à tous. Cet esprit de domination a corrompu notre cœur, surtout depuis le péché de nos premiers pères. S'il est livré à lui-même, il ne connoît d'autre règle que l'intérêt personnel; guidé par la cupidité, il s'approprie tout; conduit par l'orgueil, il veut tout soumettre. Cet esprit audacieux ne sert donc que de voile aux inclinations les plus perverses, *velamen habentes malitiæ, libertatem:* c'est saint Pierre qui nous l'apprend; et il ajoute, qu'on ne peut être vraiment libre qu'en se faisant serviteur de Dieu, *quasi liberi;.... sed sicut servi Dei:* cette honorable, cette utile servitude fait la gloire de l'homme et son bonheur. De là tous les sages législateurs, dans tous les temps, ont appuyé la politique sur la Religion, toujours ils ont mis leurs lois sous la sauve-garde du serment et du culte de la Divinité. Aussi est-ce pour opposer à la licence un frein nécessaire, principalement dans les grands empires, que Dieu a empreint, sur le front des rois, le sceau de son autorité : leur personne est inviolable parce qu'elle est sacrée; leur pouvoir ne peut dépendre que de Dieu et des lois (1). Accorder à la mul-

(1) Ceci demande quelque développement. — L'autorité des Rois dépend de Dieu, lorsque, dans la profondeur de ses conseils, il les élève ou les renverse à son gré; ce dont on ne peut douter, et ce dont on voit tant d'exemples. C'est par lui que règnent les Rois, parce que cette sage Providence, qui veille sur ses moindres créatures, a tourné vers eux le cœur de ceux qui leur obéirent les premiers. Quelques peuples ont cru pouvoir s'en rapporter à cette seule Providence pour procurer les bons Rois, ou éloigner les mauvais. Ils ont cru ainsi assurer encore mieux leurs destinées, qu'en les confiant à des restrictions trop souvent impuissantes contre la force ou l'adresse. Ils ont pensé que c'étoit tout au plus quelques mauvaises années à passer, dont l'indignation publique abrège ordinairement le cours, et qui sont toujours moins insupportables que les désordres infinis d'une révolution.

titude un prétendu droit d'insurrection, que dis-je! lui en faire un devoir, c'est, non-seulement insulter à la majesté des souverains, c'est encore ouvrir devant les nations le gouffre de l'anarchie, c'est les précipiter inévitablement dans le malheur, puisque c'est livrer aux passions elles-mêmes le remède destiné à les guérir. Cette farouche, cette impie liberté, si vantée par les dominateurs de la France, est donc une chimère impossible à réaliser; mais, quelle longue suite

---

Mais la plupart des nations ont établi des corps intermédiaires pour concourir, avec leur chef, à la formation des lois de l'Etat, et pour lui en rappeler la sagesse quand il paroît l'oublier. Ces corps, unissant alors le respect à la fermeté, peuvent produire les effets les plus salutaires. Ils peuvent au moins réclamer le gouvernement du successeur immédiat pour suppléer un souverain qui auroit perdu la raison, ou qui seroit tout-à-fait dénaturé. Mais ils ne peuvent jamais changer l'ordre de la succession établi par la loi primitive, 1°. parce que cet ordre tient à une famille et non pas seulement à un individu; 2°. parce que les nations ne sont pas moins obligées à tenir leurs engagemens, que les particuliers; et 3°. enfin, parce que ce changement de famille ne donne jamais une garantie plus sûre de bonheur: au contraire, il rend plus dure une autorité qui croit avoir tout à craindre; plus inquiète une obéissance qui croit pouvoir tout oser; moins puissant, surtout moins tutélaire, un gouvernement privé de la force que puisoit l'ancien dans le respect commandé par une longue habitude. Quoi qu'il en soit de ces corps, le peuple au moins ne peut jamais rien

d'abominations elle peut encore faire naître avant de se dévorer elle-même! Dieu seul le sait, chrétiens, il ne nous reste qu'à recourir à lui, à lui dire, en gémissant, mais avec confiance : Ah! secourez-nous vous-même, Seigneur, dans l'excès de nos tribulations, car le salut qui vient des hommes est vain : *Da nobis auxilium de tribulatione, quia vana salus hominis.* (Ps. 107.)

Nous souffrons, mes chers auditeurs; mais, pouvons-nous comparer nos souffrances à celles de Louis?

---

faire par lui-même en législation, étant par sa nature éternellement mineur, puisqu'en masse il n'arrive jamais à l'âge de raison. Il ne peut donc jamais demander compte à son tuteur, et c'est pourquoi il lui est encore plus nécessaire de se choisir de bons représentans, et par conséquent d'avoir de bons corps électoraux, que d'avoir même une bonne constitution : c'est à quoi heureusement il est plus propre qu'à faire de bonnes lois. Le choix d'un honnête homme éclairé, est un fait qu'indique assez la voix publique : une bonne loi tient à un raisonnement presque toujours abstrait dont le peuple est incapable. Par de bons représentans, une bonne constitution se feroit comme d'elle-même avec le temps, et elle se feroit mieux; elle seroit plus durable, parce qu'elle seroit appelée par les besoins, et fortifiée par les mœurs qui l'auroient fait naître.

Mais comme tout se tient dans l'homme, il est impossible de séparer ses devoirs de son bonheur, et les moyens d'accomplir les uns, des moyens de se procurer l'autre. Tout le ramène donc à celui qui fut son créateur pour rester toujours son maître et son bienfaiteur, à celui qui le fit à la fois

Quel homme privé oseroit se plaindre, en voyant couvert de tant d'opprobres ce qu'il y eut jamais de plus grand sur la terre? Pouvons-nous même comparer nos peines à celles de tant de nos concitoyens, fidèles à leur Dieu et à leur Roi, qui habitent encore notre patrie? Ah! ils ne peuvent, comme nous, célébrer le Roi que leur cœur révère, se réunir pour invoquer le Dieu puissant qui fonde tout leur espoir, soulager leur conscience aux pieds des ministres dispensateurs des paroles de paix et de réconciliation. Nous souffrons,

---

homme, religieux, citoyen : là il trouve la véritable source d'une autorité paternelle et d'une soumission filiale; là il aperçoit, par le souvenir d'une première famille d'où il dérive, le Roi, dans le premier père; les grands, dans les chefs des premières familles qui en sont issues; le peuple, dans la multitude des enfans qui font la force et la gloire de la société toute entière. Ainsi, sous l'influence du maître commun qui est dans les cieux, tout prospère sur la terre, et par un commandement sans orgueil, et par une soumission sans murmure. Ainsi concourent à cimenter ce bel édifice de la société, et le primitif, le doux lien de la religion, et la force de ces lois antiques, nées d'un vénérable gouvernement, qui cache son berceau dans la nuit des siècles.

Ce qui précède donne l'idée d'une monarchie absolue d'une part, et de l'autre d'une monarchie limitée; toutes deux appropriées aux différens peuples suivant leurs différens caractères, et perfectionnées surtout par les vertus qu'inspire la religion, conséquences naturelles des vérités qu'elle enseigne.

mais un peuple généreux est pour nous comme une providence sensible qui pourvoit à nos besoins, s'attendrit sur nos malheurs, s'arme pour notre défense. Nous souffrons, enfin; mais que de honteux souvenirs, en nous couvrant de confusion, nous reportent à la véritable, à la trop juste cause de nos calamités? Combien n'avions-nous pas offensé notre Dieu pendant notre prospérité passée? Si, depuis, nous avons partagé la gloire des fidèles amis du trône et de l'autel, nos motifs ont-ils toujours été bien purs? notre dévouement bien sincère? Est-ce bien à notre Dieu, à notre Roi, que nous avons rendu hommage? Et le mérite apparent de nos sacrifices, ne le devons-nous pas peut-être à l'intérêt personnel, à la vengeance, à l'exemple, à la vanité, à un reste de pudeur qui nous éloignoit de ces hommes trop dégoûtans de sang, trop hideux de noirceurs? Même dans notre exil, avons-nous toujours fait paroître cette gravité de mœurs qui convient si bien à des infortunés, cette piété, cette patience si nécessaires à des confesseurs de la foi? N'y avons-nous pas, au contraire, déshonoré trop souvent, par notre conduite, la cause la plus belle, la plus digne d'un chrétien, d'un Français?

Ah! si quelquefois il nous semble que nous allons être submergés par la tempête de la tribulation, comme autrefois la barque des apôtres par les flots de la mer, n'est-ce pas parce que J. C. dort encore au milieu de nous?

nous? Dans le cours de notre épouvantable révolution, nous voyons souvent les méchans prospérer, et les bons souffrir. Notre ame se trouble, nous osons dire à Dieu : Où est votre justice? Mais, dit saint Augustin, Dieu nous répond, Où est donc votre foi? N'est-ce pas là ce que je vous ai promis? est-ce pour jouir du bonheur en ce monde que vous êtes chrétien? *Ad hoc christianus factus es, ut in sæculo isto floreres?* Réveillons J. C. au milieu de nous, et notre foi appaisera la tempête de notre ame, bientôt peut-être celle de nos adversités.

Oui, mes frères, hâtons-nous de purger nos cœurs de tant de souillures qui suspendent encore sur nos têtes les miséricordes que le Seigneur ne demande qu'à répandre sur nous. C'est à celui qui se jette avec confiance entre ses bras, c'est au juste qu'il a promis de servir d'appui contre les traverses de la terre. *Jacta super Dominum curam tuam, et ipse te enutriet, non dabit in æternum fluctuationem justo.* (Ps. 54.) C'est donc seulement dans un repentir sincère que nous devons mettre notre véritable espoir; sans lui, jamais nous ne fléchirions la colère du Dieu trois fois saint. Que ses jugemens sont terribles! Peut-être, hélas, par tant de malheurs de notre Roi, a-t-il voulu punir un excès de douceur qui lui rendoit trop pénible le nécessaire usage d'une justice sévère. S'il en étoit ainsi, oh! combien nous aurions à craindre pour nous, qui, nous ne pouvons le nier, sommes tous bien plus coupables, et dont les fautes sont bien plus multipliées, bien plus inexcusables. Que notre intérêt le plus cher, celui de notre salut, que celui de la gloire immortelle de Louis, nous fasse, au moins en ce moment, élever vers le ciel des mains pures, en lui présentant la victime sainte. Ainsi seront entièrement effacées les taches qui pourroient souiller encore cette ame, d'ailleurs si chrétienne, et dont nous fûmes tant aimés. Ainsi nous acquerrons un protecteur de plus auprès de notre Dieu, pour en obtenir notre sanctification, et peut-être la fin de tous les malheurs, même en cette vie.

Mais pour cela, ô notre Maître et notre Sauveur, jetez du haut de votre trône, jetez enfin un regard de pitié sur votre Eglise désolée, sur cette vigne que vous aviez transportée parmi nous du fond de l'Orient, au milieu de tant de prodiges. (Ps. 79.) Vous l'aviez plantée vous-même, ses racines s'étoient étendues, et son ombre couvroit les montagnes. Ah! pourquoi avez-vous renversé l'un de ses plus solides appuis, cette Eglise de France, la plus belle de ses tiges, ce trône de Clovis, la première de ses conquêtes sur les barbares, le premier de ses défenseurs; *ut quid detruxisti maceriam ejus?* Aujourd'hui redevenus barbares eux-mêmes, tant de Français ingrats ont ravagé, détruit cette vigne qui les avoit nourris pendant si long-temps. Dieu puissant, tournez-vous vers votre peuple, regardez-nous du haut des cieux, voyez l'état où nous sommes réduits, pourriez-vous n'en être pas touché? *Deus virtutum, couvertere, respice de cœlo et vide, et visita vineam istam.* Protégez surtout cet enfant de votre droite, ce fils de saint Louis, ce nouveau Joas. Hélas, plus malheureux que l'ancien, il est livré encore à ses ennemis et aux vôtres. *Fiat manus tua super virum dexteræ tuæ.* Rétablissez son trône, relevez vos autels : c'est la prière que vous fait surtout, cette assemblée choisie parmi tant de fidèles. Oui, Seigneur, pour prix de sa foi, de ses sacrifices, vous la ferez sortir des portes du tombeau, et nous invoquerons encore votre nom dans notre patrie : *Non discedimus à te, vivificabis nos, et nomen tuum invocabimus.* Ainsi soit-il.

FIN.

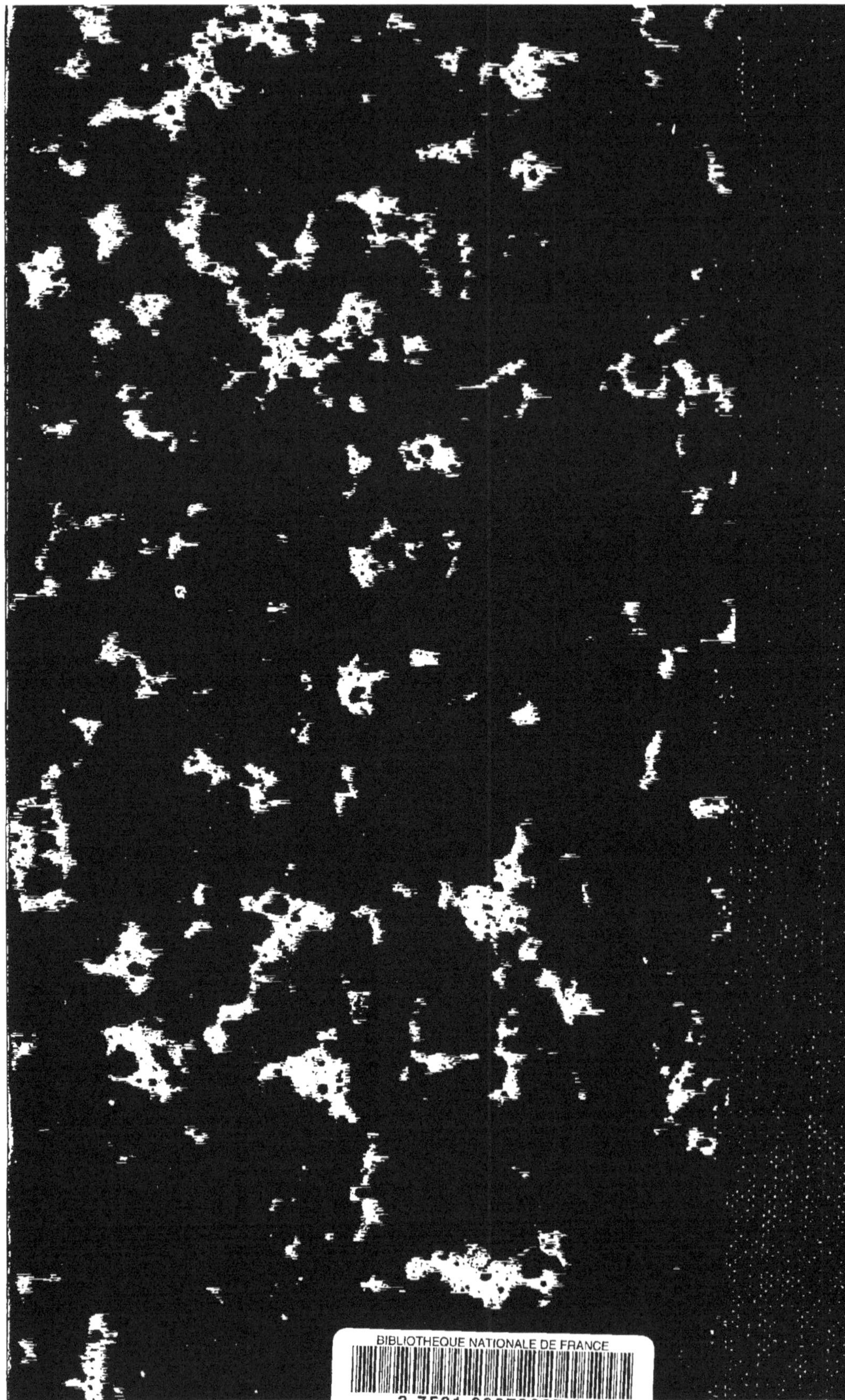

www.ingramcontent.com/pod-product-compliance
Ingram Content Group UK Ltd.
Pitfield, Milton Keynes, MK11 3LW, UK
UKHW031057260726
13965UKWH00006B/1674